咦？好像有點奇怪。

越走越近？

小妹妹……
!!

不要、
不行、
我不去！

前言

有時候閱讀一本書，書中出現奇怪的人，會令人有種「好可怕啊！如果被這樣的人尾隨，真是不舒服」的感覺。

現今社會中，這樣的事情經常在我們身邊發生。

我相信，家長應該不忘叮嚀孩子「在上學途中，不可以前往危險的地方」，以及「如果遇到奇怪的人，要馬上遠離」。

可是你教過孩子「什麼是危險場所」、「什麼樣的人很危險」嗎？你是否曾經嘗試讓孩子明白「遇到緊急情況時該怎麼辦」呢？

本書的主角是「沒問題家」的姐姐和弟弟，姐姐就讀小學一年級，弟弟就讀幼兒園大班。

讓我們跟著這對姐弟走一趟通學之路，製作一份「散步地圖」，並且學習「孩童安全」的相關知識。

孩子和家長一起散步的同時，可以逐步學習「什麼是危險場所」、

「什麼樣的人很奇怪或很危險」，以及「覺得害怕時該如何逃開」等應變能力。

共讀完這本書後，不僅家長可以了解「該怎麼帶領孩子」，孩子也會進一步習得「該如何應變才好」。

書中的地圖製作、提問和漫畫，都是以孩子能方便且清楚閱讀為訴求，請與孩子一同閱讀。

現在，立刻著手製作「散步地圖」吧！

※基於寫作考量，書中以「危險的事」、「危險的人」等詞彙取代「犯罪」和「犯罪者」。

不要、不行、
我不去！

不要、不行、我不去！

大聲嚇阻陌生人，建立孩童自我保護的能力

著．清永奈穗｜日本STEP綜合研究所
NPO法人 體驗型安全教育支援機構
繪．石塚和布　譯．林劭貞

目次

第3章　危險人物

第4章　危險的孩子

第1章 安全地圖

製作散步地圖

在本章中，請跟著「沒問題一家」的步伐，與孩子一同走一趟通學之路，製作一份獨一無二、專屬於你們的散步地圖。

我們是「沒問題一家」。
我是爸爸，這位是媽媽。
女兒花花就讀小學一年級，
兒子太郎就讀幼兒園大班。

成為小學一年級生，孩子必須具備保護自己的「安全基礎能力」

孩子升上小學後，必須學習一個人前往學校。

就讀托兒所或幼兒園時，上學、放學總是有人陪伴，上了小學後，突然變成得一個人行動，一定覺得很孤單吧！

在托兒所或幼兒園的年紀時，理所當然有很多人共同守護孩童的安全，包括保育員和學校老師等。

除此之外，**孩子如果能夠具備保護自己的「安全基礎能力」**（**詳細內容請見第78頁**）**，不單單是孩子本身，身為家長的我們，也能感到安心許多。**

因此，若孩子從很小的時候，在與家人一起去公園等地方散步時，**一邊玩一邊學習「保護自己，也可以守護朋友安全的能力」，是非常重要的。**

安全教育打從零歲起就十分必要。

雖然零歲的「安全基礎能力」為零，然而只要在平時的日常玩樂中慢慢培養，到了三歲左右，就可以具備相當程度的能力。

總有一天孩子得一個人上學（放學）、一個人去安親班、一個人行動、一個人面對危險，這些都是成為大人的必經過程。

屆時，孩子從小累積的經驗、所習得的「安全基礎能力」就能夠適時且有效的派上用場。

就讓我們與書裡的主人翁——「沒問題家」的姐姐花花和弟弟太郎，一起走一趟通學之路，製作「散步地圖」，並且學習保護自己的「安全基礎能力」吧！

製作一份「散步地圖」

放春假了，今天是個風和日麗的好天氣。

「沒問題家」的爸爸和媽媽決定帶著花花與太郎出門走走，一起散個步。

對了！今天的目的是**一邊散步，一邊製作「散步地圖」**。

之所以這麼做，是因為弟弟太郎即將上小學，姐弟倆就讀的櫻花小學距離家裡有點遠，爸爸和媽媽很擔心他們通學的途中可能會遇到危險的人。

因此，今天要一面散步一面確認路上的危險場所，以及可以提供協助的人，並把看到的事物畫進「散步地圖」。

為了可以安心上學，一邊觀察，一邊認真學習吧！

早安！我是花花，就讀櫻花小學一年級。
爸爸
媽媽
我是太郎，就讀梅子幼兒園大班。
再過不久，太郎將和花花就讀同一所小學。
學校離家裡有點遠，好擔心……
不曉得會不會出現危險的人……
今天的目的是確認通學路途的安全。
一起製作**散步地圖**。
好！
把書包背起來吧！
今天是假日，為什麼要背書包？
好丟臉……

散步地圖

MAP 1

「花花，要準備的東西是這些。」

媽媽拿出素描本和鉛筆。

「先畫上學校和我們家，再用線條連結上學的路線。」媽媽說。

「嗯，只畫這些很簡單嘛！」花花說。

一旁的太郎也想試試看。

「太郎要加入嗎？」

爸爸也幫忙一起畫。

好！前進櫻花小學。

●準備物品：素描本、鉛筆、書包（背包也可以）、水壺、點心、捲尺（如果有的話）。

把危險和安全的場所都畫進來，製作一份專屬的自家地圖。拿著這份「散步地圖」，出發！

●繪製方法：

①在紙上畫出「我的學校」和「我的家」。

②用線條連結學校和家之間的必經路線。

一邊散步，一邊注意有哪些人或場所可以畫進地圖裡。

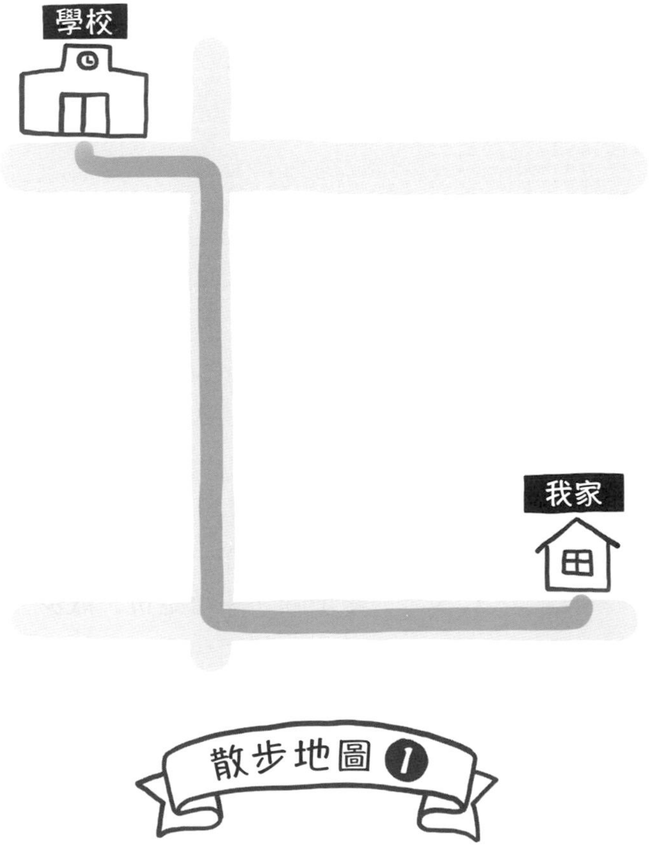

第1章摘要

開始製作地圖吧！

繪製地圖的用具準備好了嗎？

用線條把「我的家」和「我的學校」連結起來，**在這條通往學校的必經之路上，有看得見和看不見的危險，也有安全的地方與令人覺得安心的地方。**

「你覺得哪裡是危險的地方？」

「你覺得哪裡是安全的地方？」

「遇到困難或危險時，該往哪裡去比較好？」

一起散步前，試著詢問孩子這些問題。

如此一來，孩子在散步時就會留心並注意「這裡危險嗎？」、「那裡安全嗎？」等細節。

在接下來的第2章裡，我們來認識哪裡是「危險場所」吧！

第2章 危險場所

什麼樣的場所是危險的呢？

在本章中，我們要把通學路途的危險場所畫進散步地圖。若沒有危險的場所，請留意「遇到緊急狀況時，哪些地方能找到可以幫忙的人」，把這些地方畫進地圖。

安全又安心的通學之路，從打招呼開始

你會和街坊鄰居打招呼嗎？

向鄰居、商店老闆或警察等人打招呼，對於孩童安全極為重要。和這些人示意，讓他們認識「總是很有精神打招呼的孩子」，從而建立所謂的**熟識關係**。

有了這一層聯繫，孩子就能與「總是笑呵呵的阿姨」建立起**朋友關係**，或「一旦有事發生，可以直接跑去的地方」與「那家店有個可以提供援助的叔叔」這樣的**信賴關係**。

「沒問題一家」一邊散步，一邊和平常很關心孩子，以及未來可能承蒙照顧的人一一打招呼。

家長可以主動為孩子介紹：「那是一直很關照我們的乾洗店老闆。花花，打個招呼吧！」

孩子只要簡單說：「請多多照顧。」這樣就可以了。

乾洗店
今天全家一起散步啊？
麵包店阿姨，你好！
麵包
一直以來，承蒙你的照顧。
之後姐弟倆一同上學，也請多多看顧。
太郎，打聲招呼吧！
阿姨好！
真有精神。
有什麼需要，隨時跟我說。
太感謝你了。
請給我水果和鮪魚三明治。
去學校的路上，記得要說「早安」，回家時，則要說「我放學了」。
好！

從小培養打招呼的禮儀

讓孩子**盡早學習和附近店家或常見的導護志工打招呼**吧！通學路上總會遇見的隔壁阿姨、麵包店的叔叔等，這些人的**眼睛、耳朵、嘴巴和聲音**是最能有效守護孩童安全的重要幫手。

製作「散步地圖」時，不管當下覺得見到的人如何，家長都可以先帶領孩子嘗試和所有人打招呼，於此同時則請孩子仔細觀察，倘若過程中覺得這個人值得信賴，以後經過時，可以大聲和他打招呼；但若交流後，對方讓孩子有「不喜歡」或「有點奇怪」的感覺，以後遇到時就要多加注意。

透過打招呼，可以幫助孩童擴展信賴關係，而這必須由家長或保護者來進行。**一旦建立起這樣的「社區交際關係」，就能在社區裡奠定守護孩童安全的基礎。**

社區鄰里之間的關係越緊密，危險人物就越不容易靠近。

這是一件真實發生的事。
鬼鬼祟祟
抓
和叔叔去那邊。
啊！那是經常看到的孩子。
糟糕！
喂！你在做什麼？
放開她！
因為店家的幫助，小女孩平安無事。
事件過後的商店街。
社區的孩童，社區來守護！
這段話成為社區的守護標語。和街坊鄰居打招呼真的很重要！

散步地圖

MAP 2

將值得信賴的店家或住家畫下來

「在地圖上畫出打過招呼的店家或住家。」

「派出所裡有親切的警察也畫下來。」

把所有能守護孩童安全的人，他們所在的場所都畫進地圖。

可以畫的項目：

★有叔叔阿姨所在的店家，如麵包店、書店。

★總是為花澆水的阿姨家。

★家門前種有植物的老爺爺家。

★警察局或派出所。

若有很多地點可以畫進地圖，叫人很安心呢！

和家人一起將打過招呼的住家、店家或派出所，一個不漏的畫下來吧！

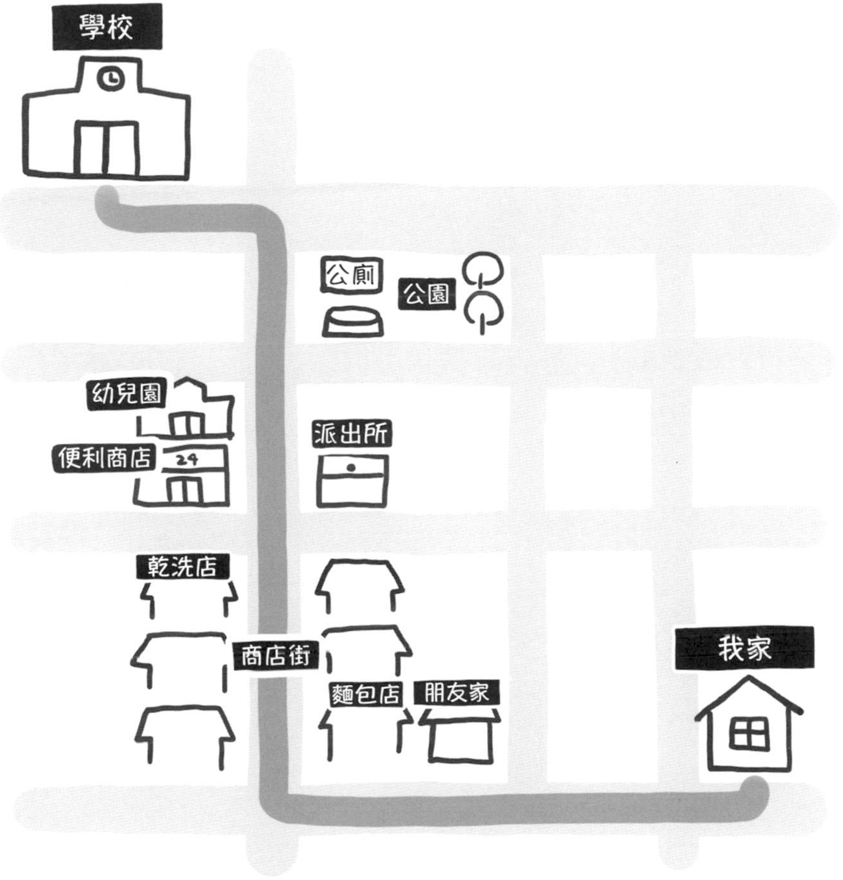
學校
公廁
公園
幼兒園
便利商店
24
派出所
乾洗店
商店街
麵包店
朋友家
我家

散步地圖 2

每一個地方都有可能是發生危險的地方

將打過招呼的住家或店家畫進「散步地圖」後，接著來認識「危險場所」。**什麼樣的地方是「危險場所」呢？**

聽聞許多具有前科的犯罪者談到他們「曾經在哪裡攻擊孩童」後，我們可以很清楚的明白**每一個地方都有可能是發生危險的地方**，換句話說，**危險的人會在他們「覺得容易得逞的時間或場所」攻擊孩童。**

所謂**容易得逞**，指的是：

❶可以輕易靠近的這個孩子或這個場所。

❷可以輕易從這個孩子身邊或這個場所逃走。

❸憑直覺認為「這是我喜歡的小孩」或「這是容易下手的場所」。

只要符合其中一項要素，就會產生犯罪動機（更不用說，要是三個要素同時具備）。

第30頁介紹了這種場所的四個特徵。

①下過雨後的星期日，一個小女孩走在人潮不多的商店街裡。

②躲在自動販賣機旁的某個人出聲叫住小女孩，同時抓住她的手臂。

這是實際發生的恐怖故事

「及時救援者」解救小女孩的真實案例

人煙稀少的商店街，一個不懷好意的人躲在自動販賣機旁，不久後，一名小學三年級的小女孩從商店街的另一側走來。

「我可以給你兩百元喔！」那個危險的人對小女孩說。

小女孩停下腳步，心想「好奇怪」，但還是將手伸了過去。

下一秒，那個危險的人抓住了小女孩的手臂！

一名年輕男子恰巧經過，覺得眼前的情況有些異常，於是出聲大喊，「妹妹，你認識那個人嗎？」

受到驚嚇的小女孩一時之間說不出話。

「趕快回家吧！」年輕男子說。

那個危險的人急忙放開緊抓小女孩的手，小女孩最終沒有被帶走，得以安全逃離。

事後，那位及時伸出援手的年輕男子表示，「當時我覺得不太對勁，我很慶幸有上前制止。」

這個真實案例讓人深刻體悟到——**「及時提供救援的人」對於社區安全的守護工作多麼重要。**

危險場所的四個特徵

「這樣的地方特別危險。」

「平常多加提防這個地方的話，就不會有問題。」

上述這類場所確實存在。

❶ 落單成獨自一人前往的地方

例如公園、車站、大型購物商場或運動中心裡人煙稀少的廁所，或是放學與朋友分開之後，直到平安抵達家門之前。

❷ 從周圍難以一窺全貌的地方

危險人物通常會挑選無人經過的地方做壞事，

廁所常常是落單成獨自一人前往的危險場所。若看到附近有人持有相機，就要特別注意。

像是兩側被高聳樹木包圍的道路或建築物與建築物之間的通道。

3 有很多岔路、小徑或交叉路口的地方

這些地方非常危險，因為危險的人做壞事後，可以瞬間躲藏起來。他們在這些地方有很多選擇，例如從哪裡容易靠近目標，或是方便逃往哪裡。

4 有廢棄房屋或空地的地方

危險人物通常會出沒在無人注目的場所或空屋，像是選擇沒有管理員的停車場，事先躲在車子的陰影處，伺機攻擊孩童。

將空地、無人的停車場、大型建築物或公園的廁所等「危險場所」畫進「散步地圖」吧！

無論何時何地，哪怕只是一點點短暫的時間，都有可能發生危險的事

危險也會在白天或人潮眾多的地方發生。

這是怎麼一回事？

因為孩子可能暫時放鬆警戒，覺得**這個時間、這個場所，應該不會有做壞事的人，因此容易被奇怪的人或怪異的喊叫聲吸引**。

根據針對具有前科的犯罪者調查「犯案經驗中，最短需要花費多少時間？」

答案是「三分鐘」。就算是對犯罪手法仍不熟悉的人，「五分鐘」也相當足夠。**在多起孩童受害的事件當中，這種「一點點」的時間差，都有可能造成巨大的遺憾**。

要特別提醒的是，**就算只是極短的時間，也不該讓孩童獨自一人**，尤其是無力反抗的弱小孩童。

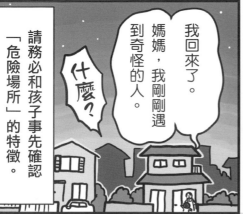

※如果對方說「讓我摸一下」並試圖碰觸，一定要明確表達「不可以」；如果對方希望你一起前往別的地方，一定要大聲說：「我不去！」

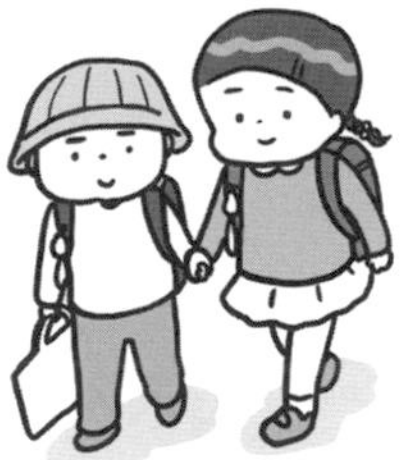

散步地圖 MAP 3

標示出「危險場所」

「你知道危險場所的特徵了嗎？」媽媽問。

「茂密的樹叢或因為建築物的外牆遮住而形成從外面看不見的空間，還有奇怪的人容易躲藏和逃跑、有很多岔路的地方……這些都是危險場所。」花花說。

「我已經把打過招呼的店家都畫好了。」

接著把具有危險特徵的場所也畫上去吧！

可以畫的項目：

★公園的廁所　★公園裡樹叢茂密之處　★荒廢的空屋

★建築物與建築物之間　★沒有管理員的停車場　★岔路

★樹與樹之間　★與朋友分開後，剩自己一個人的地方

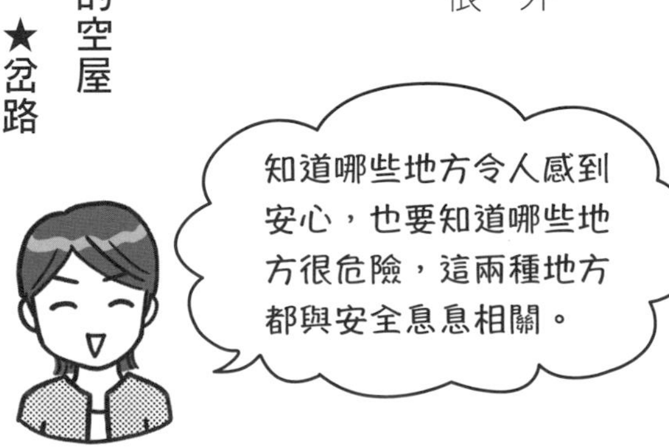
知道哪些地方令人感到安心，也要知道哪些地方很危險，這兩種地方都與安全息息相關。

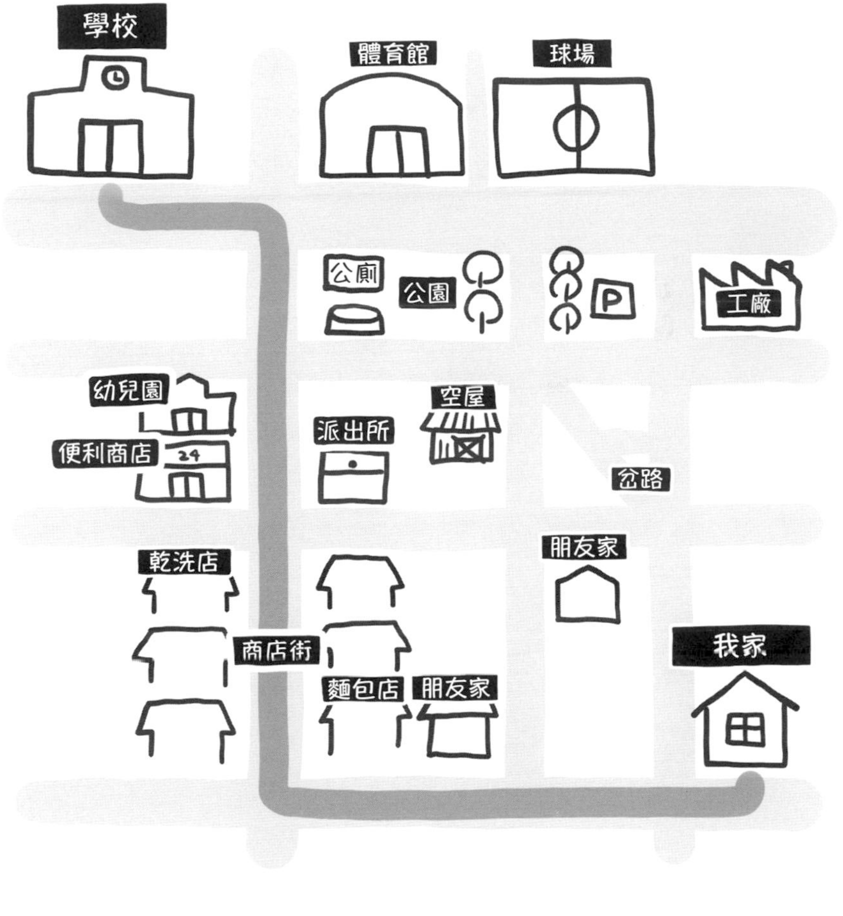
學校
體育館
球場
公廁
公園
P
工廠
幼兒園
便利商店
24
派出所
空屋
岔路
朋友家
乾洗店
商店街
麵包店
朋友家
我家

散步地圖 ❸

問題① 找出「危險場所」的特徵

這是從「沒問題家」到學校的通學之路。找一找，哪裡具有危險場所的特徵？一共有七個地方，快找出來吧！

找出七個
危險的場所
球場
停車場
工廠
岔路
朋友家
我家
再見！

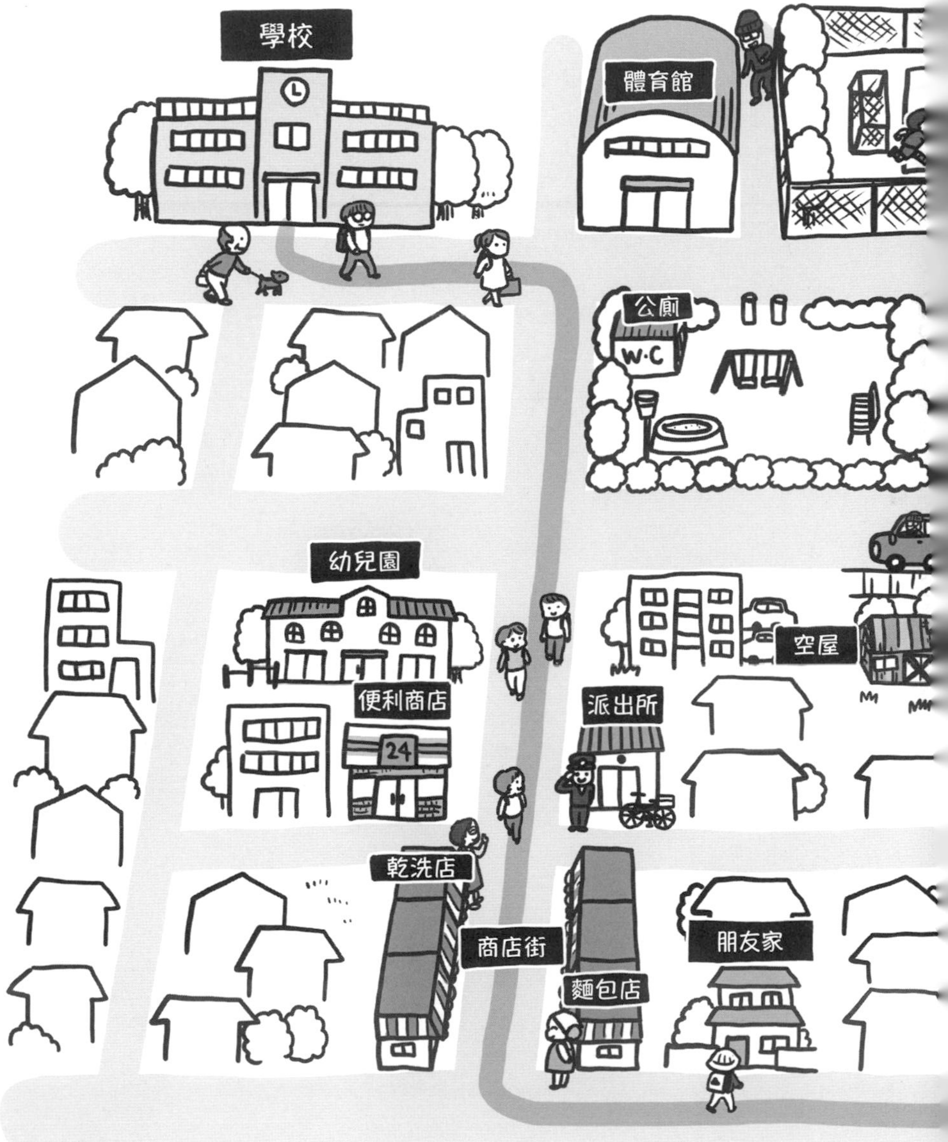
學校
體育館
公廁
W·C
幼兒園
空屋
便利商店
24
派出所
乾洗店
商店街
朋友家
麵包店

答案請見第120頁

問題② 怎麼做才安全？

Q1

放學回家的路上，小女孩應該聚精會神的望著前方快步走，還是漫不經心的慢慢走？

怎麼做才安全？

Q2

小男孩聽到奇怪的人叫他，應該回答：「我不要！不可以！」，還是靠近對方說：「有遊戲嗎？還有好吃的糖果？」

怎麼做才安全？

Q3

小女孩該選擇房屋密集、沒什麼人的地方，還是人潮很多的商店街？

怎麼做才安全？

答案請見第121頁

這點也很重要

注意有間距的夜間照明

危險的人偏愛黑夜或黑暗隱密處，因為越暗的地方，越方便他們做壞事。

在光線昏暗的地方，孩子有可能將眼前具有危險的「成年男性」，誤認是一個「留著長頭髮的小女孩」。

為了能夠清楚辨識「危險人物」，足夠的照明非常必要。

藉由與具有前科的犯罪者合作，我們做了一個實驗，藉此探查「犯罪時需要多亮的照明」。

實驗結果發現，有心犯罪者一旦鎖定某個孩童，**僅需要十到十五公尺的距離，就足以「隱約看見孩子的臉」**。

因此，當孩子獨自走在明亮處，但四周卻是一片黑暗時，務必得特別小心，因為不曉得暗處躲著什麼人。

所以，**即使必須繞遠路，也要選擇那些設有連續照明的道路。**

問題③

夜間的道路，走哪一側比較安全？

答案請見第121頁

第2章摘要

在這一章中，我們明白了何謂「危險場所」。

在引導孩子辨識危險場所之前，請先讓孩子了解**「哪裡是安全的場所」**，以及**「哪些人或住戶，可以和他打招呼」**。

如果沒有這麼做，孩子會不知道如何判斷「誰是值得相信的」，更可能對這世界產生恐懼或不信任感。

因此得先**幫助孩子了解「誰值得信賴」、「哪些場所令人安心」，再進一步讓他們意識到「哪裡是該避開的危險場所」**。

在此簡述家長必須注意的事項：

❶若社區裡有可以守護孩子安全的人，家長也會比較安心。所以，盡可能**讓孩子從小就習慣和街坊鄰居打招呼**，這種從打招呼中建立起來的信賴關係，是社區守望相助的基礎。

❷**千萬不要讓年幼的孩子落單或是獨自一人**，因為他們的自我保護力

仍不足。

❸讓孩子清楚明白危險場所的特徵非常重要，必須讓孩子知道，**任何地方都有可能發生危險**。

❹**「普通」也有可能是危險的**。普通的時間（白天）在普通的場所，孩子容易因為覺得安心，而對危險人士的叫喚聲放鬆警戒，千萬要小心。

❺**「極短」的時間內，也有可能發生危險**。三分鐘至五分鐘，如此短暫的時間，就足夠讓壞人做壞事。

❻**白天時被認定是令人安心的場所，到了夜間，有可能變成「另一種不同的面貌」**。夜色昏暗的時候，一定要注意身邊的動靜，並且快步行走。

❼**夜間，即使是明亮之處也可能變成危險場所**，請多加注意。

❽與孩子事先做好約定，**除了既定的通學路線，不可以隨意走到其他地方**。

仰賴「及時救援者」守護通學途中的安全

很多時候，對孩子虎視眈眈的眼睛都等候在通學的路上，尤其是放學回家的途中。

孩子每天於固定的時間經過固定的路線，放學和同學分開後到抵達家門之前，通常都是獨自一人，這段期間最容易被壞人盯上，甚至遭受攻擊。

為了讓孩子能夠安全往來學校與家之間，大家可以藉由守望相助，建立溫暖互助的「社區」。

所謂「社區」，是由一群有共同目標的人所聚集、居住的特定區域。

社區裡的每個人因為想要安心且安全的在此長久居住，思索著「我可以做出什麼樣的貢獻」，進而採取相應的行動。

社區鄰里之間，若看到某人遇到麻煩，會給予溫暖的目光、伸出援手，並交流心意與言語；倘若看到任何不對勁的事，也絕對不會置之不理。

所以，不論小孩或大人，大家都可以是「及時救援者」，共同打造安全的社區。

第3章 危險人物

危險人物是什麼樣的人？

在本章中，將認識什麼是「危險的人」。他們會做出什麼樣的行動？表現出什麼徵兆？一旦辨識出「危險人物」，我們該怎麼做？趕緊開始吧！

危險人物是什麼樣的人？

當你讀到這裡時，已經理解「什麼是危險場所」。

而透過製作「散步地圖」，花花和太郎對於「危險場所」也有了初步的了解。

現在，進一步認識**什麼是「危險的人」——危險的人會給人什麼感覺？他們會出現在什麼樣的場所？**讓我們來一一確認。

花花的散步地圖又擴展了一些。

「你覺得什麼樣的人是危險的人？」媽媽問。

「我覺得坐在公園長椅上，露出奇怪笑容的人有點可怕。我想，那樣子的人應該就是危險的人。」花花說。

「你為什麼會有這樣的感覺呢？說不定他只是累了坐在那裡休息，恰巧看到你經過，覺得很可愛，所以就笑出來了。」媽媽說。

「這樣說好像也有道理。」花花認真思索。

的確如此。那個人或許只是身體不舒服，也或許是心理或身體有疾病而暫時坐下休息，因為看到身邊的孩子很可愛，所以不自覺笑出來。

「壞人畢竟是少數，**在我們生活周遭，大部分都是良善的人，千萬不要忘記這一點。**」媽媽說。

遇到「危險的人」，當然得快速遠離；然而，若是孩子一直被教導「把每個人都當成壞人來對待」、「不要相信任何人」、「不要輕易對人抱持同情」，久而久之，孩子會對四周充滿不信任且自私，整個社會將變得極為危險。

為了不希望發展成這樣的社會，**「讓社區裡充滿互助的人」和「培養孩子對旁人的信賴」非常重要，這是習得「安全與安心」的基礎。**

孩子如果知道身邊有許多可以守護自己的人，將來便會**長成獨立且具責任感的大人，不僅保護自己，更可以守護親朋好友。**

這點也很重要

世界上絕大多數都是良善且安全的人，危險的人只占了十萬分之一

教導孩子「只要一覺得有危險，就要快速採取行動，例如跑開或轉身閃躲」，的確是相當重要的事。

請務必讓孩子了解以下數字：根據日本警察廳統計，二〇一五年，日本全國發生九百七十件針對十二歲以下孩童的性暴力犯罪案件（例如強制猥褻行為）。這意味著，**在每十萬個大人中，有一個人曾犯下這樣的罪行；不過，反過來說，每十萬個大人中，有九萬九千九百九十九個人，是與這種罪行無關的普通人。**

當然，**倘若遇上十萬分之一的這種壞人，對於受害的孩子與家長來說，都是難以承受的事。**

因此，家長和社區裡的所有居民，除了守護孩童遠離受到侵害的危險外，也別忘記告訴孩子——我們的身邊仍有許多值得信任的人。

大部分的人都是好人，但其中也混雜了危險的人。
是喔？
那個叔叔好像有點奇怪？
搞不好是危險的人！
好可怕。
叭叭叭
拉
危險！
好險！
老太太，小心一點。
謝謝你。
原來他是個好人。
要怎麼分辨好人和危險的人呢？

分辨危險人物的重點——
與當下情況和時間「格格不入」的人

若詢問受害孩童「攻擊你的是什麼樣的人？」孩子大多會回答「臉很恐怖的人」。

不過，有些人雖然長著一張令人恐懼的臉，但是，他的心地卻十分善良。

那麼，該如何分辨呢？

我問過許多警察和具有前科的犯罪者，得到的答案是——**與當下所處情況和時間「格格不入的人」**。

所謂「格格不入」指的是——通常在當時的情況或場所，人們應該會有特定的行為或態度，然而，這個人的舉止卻不合常理。

換句話說，**以「動機或行動」而言，這個人的行為不符合所處的情況和時間**，而這就是分辨危險人物的重點。

問題④

有一輛車停在這裡，你能說出哪裡奇怪嗎？

答案請見第121頁

奇怪的人↓可疑的人↓危險的人之階段變化

如果一個「奇怪的人」行為怪異、可疑，就有可能變成「危險的人」。

奇怪的人（好像有點奇怪？）

・緊張不安。
・四處張望。
・來回走動。
・穿著和行為與周圍環境不相符。

漸漸的

可疑的人（尋找犯案目標）

・迴避他人目光。
・把全身遮蔽起來。

也可能一下子就變成危險的人

漸漸的

・令人感覺不太舒服。
・舉止怪異。
・非必要卻一直與人交談。

危險的人

・做出異常舉動。
・手持危險物品。
・讓人感到危險。
・嘗試碰觸他人。
・未經他人同意就拍照。
・一直尾隨某人。

可疑人物的六個特徵

可疑的人有可能變成危險的人，**請注意以下特徵，明白該注意什麼樣的人。**

❶ 和你搭訕的人

不管認不認識，不斷和你攀談的人。

❷ 沒有理由卻靠近你的人

無論是否認識，從遠處慢慢靠近你的人，一定要特別注意。

❸ 緊盯著你的人

如果有人持續盯著你不放，下一步很可能就會靠近你，對你不利。

❹ 跟蹤你的人

一直尾隨你的人，做出危險事件的可能性很高。

❺ 一直等著你的人

這種人會在同一時間到同一個場所等候，非常危險。

❻ 讓你起疑的人

問題⑤

與公園格格不入的是誰？

問題⑥

傍晚的公園，哪些孩子可能成為危險人物鎖定的目標？

答案請見第121、122頁

危險人物可能會說的話——當他這麼說的時候，你就這樣回答

孩子心思純潔，不容易對親切的人起疑，因此，危險的人會佯裝和善，巧妙運用不同的叫喚方式，藉此吸引孩子。

讓我們運用這些情境，**與孩子一同進行角色扮演**。

對談中，只能做簡短的回答，不可以和危險人物進行過多的對話。

家長請教導孩子「若是發覺眼前的人態度奇怪，必須快速遠離，馬上跑開」。

十個危險叫喚情境應答範例

①溫柔言語型

「我趕時間，必須要走了。」

②誇耀權威型

「我不要。」

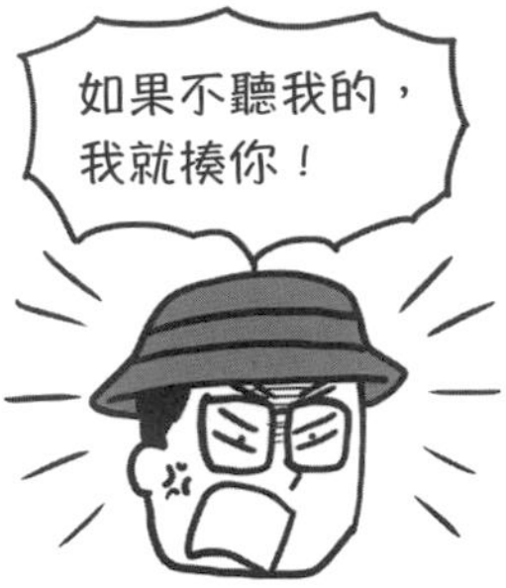

③煽動恐懼型

「我不要。」說完之後，立刻離開現場。

④親切要求型

「在那邊。」、「我要先問大人。」

⑤緊急事件發生型

「我要先回家確認一下。」

⑥要求急迫行動型

「我不去。」、「我去叫我的家人。」

⑦利益給予型

「我不要。」

⑧魅惑誘導型

「我不要。」、「不可以。」

⑨觸發好奇心型

「我不去。」

⑩關注健康型

「我很好。」

問題⑦
陌生人和我交談時，我該說什麼？

問題⑧

被車子裡的陌生人叫住時，我該說什麼？

嗨！我可以載你一程唷！
嗯……先去問問住在附近的大哥哥。

答案請見第122、123頁

第3章摘要

奇怪、可疑或危險的人，不僅「看起來」不對勁，他們會從「讓人覺得很奇怪」開始，慢慢出現行動上的改變。

因此，**當你有了「怎麼那麼奇怪」的感覺時，一定要密切注意接下來「可能會發生的事」。**

先複習一下**可疑人物的六個特徵**：

❶和你搭訕的人。　❷沒有理由卻靠近你的人。

❸緊盯著你的人。　❹跟蹤你的人。

❺一直等著你的人。　❻讓你起疑的人。

有些時候，對方可能只符合其中一項特徵，**有些時候則可能組合成不同的行為，像是「緊盯著你＋沒有理由卻靠近你＋和你搭訕」，最後便會衍生出危險的行動。**

引導孩童辨識「危險人物」時，重要的是必須**根據孩子的年齡和生**

活場域，來幫助他們理解「不同行動所可能組合的情況」。

如果孩子就讀幼兒園大班，可以告訴他「如果有人躲在電線桿後面一直盯著你，而且早早就在那裡等你經過，就有可能是危險的人」。

如果孩子就讀小學一年級，可以告訴他「放學回家的路上，和朋友分開之後，若是有人走過來對你說『你自己一個人嗎？』或『你好可愛喔！』，然後一路跟著你，便有可能是危險的人」。

當你看到奇怪的人、聽到奇怪的話，或從社區等團體得知任何消息，請務必與孩子談一談，並把獲得資訊的這些場所都畫進「散步地圖」。

再次提醒，一定要讓孩子明白**身邊仍是有許多值得信賴的人在守護我們**，倘若孩子沒有意識到這一點，那麼他們見到任何人都會覺得很可疑。

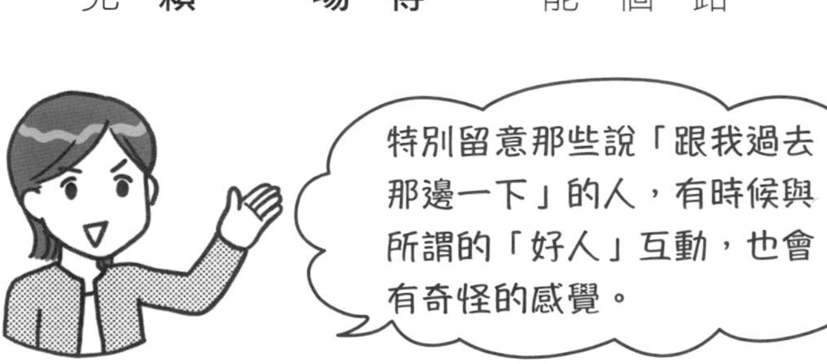
特別留意那些說「跟我過去那邊一下」的人，有時候與所謂的「好人」互動，也會有奇怪的感覺。

危險的事具有「6・3・2徵兆」

危險的事發生前，確實會有一些徵兆。

倘若能注意到這些微小的細節，就可以有效避免或減少犯罪的滋生。

這裡有一個「6・3・2徵兆」法則可供參考。

舉例來說，住家附近**半年內出現六次或一個月內出現三次**令人感到「奇怪」的事，就必須抱有「不可不注意」的危機感；如果類似的事**一個星期內出現兩次**，則必須有「不曉得會發生什麼壞事」的警戒心。

這就是「6・3・2徵兆」。

危險（犯罪）正是源於這些令人感到怪異可疑的事。

例如學區內突然很多人將垃圾堆放在路邊、陌生人在社區附近徘徊、沒見過的人朝住家內窺視張望、有人出聲叫住經過的孩子、跟蹤孩童等。

如果這些奇怪、可疑的事頻繁出現，就是危險事件即將發生的「前兆」。

這種時候，請務必多加留意。

第4章 危險的孩子

什麼樣的孩子容易被壞人盯上？

會發生危險事件的地方，其實都有「危險的孩子」。在本章中，我們將獲知孩子獨自一人或到處閒逛時，有哪些徵兆容易被危險人物盯上。

這樣的孩子是危險的

「太郎，你知道什麼樣的場所和什麼樣的人很危險了嗎？」

「知道，沒問題嘍！」太郎胸有成竹的說。

「我全都畫進『散步地圖』裡了。」

花花露出自信的神情，不過，爸爸的臉色卻有點擔憂。

「這樣還不夠唷！**為了保護自己，避免受到危險人物的侵害，你們還必須了解『哪些孩子容易成為歹徒的目標』。**」

「容易成為歹徒的目標？」花花嚇了一跳。

「是啊！**有些孩子會散發出危險人物喜歡的訊號**，你們得留意自己有沒有發出這類訊號。」媽媽說。

的確，**危險人物偏好精神散漫、無精打采的孩子**，他們都在尋找散發這類氣息的孩童。

還有哪些孩子「容易成為歹徒的目標」呢？

問題⑨ 哪些孩子容易成為歹徒的目標？

答案請見第123頁

危險孩童的九種類型

根據警察和具前科犯罪者的說法，容易「引發犯罪動機」與「成為歹徒目標」的孩童有下列九種。

1 弱小昆蟲型

柔弱或看起來軟弱的孩童

這類型的孩子體力欠佳，但只要使力得當，還是有機會逃離危險。

根據報導，近日有個孩子成為歹徒覬覦的目標，不過，在他清楚表達「不要、不行、我不去」後，最後平安無事。

2

成熟大人型

體態或行為舉止成熟的孩童

這類型的孩子有著超齡的外表，尤其是身體特徵；然而他們只是身體樣貌成熟罷了。

近來，小學中高年級女生成為性暴力受害者的案件急遽增加，不過，外表成熟絕對不是一件壞事！

遇到危險情況時，做好大聲呼救的準備，或是盡快離開現場。

3 偶像明星型

討人喜愛或長相可愛的孩童

這類型的孩子有著可愛的外表、衣著或姿態。

許多危險人物談到他們鎖定的孩童目標時，最常說的就是「我一看到他（她），就覺得很可愛」。

原則上，「容易成為歹徒目標」的孩童沒有性別與年齡之分，但是最近有越來越多幼兒園到小學三年級的孩童成為危險人物的犯案目標。

4 獨自一人型

單獨行動或獨自玩耍的孩童

「獨自在街頭漫步或單獨在公園玩耍」是危險案例最常發生的狀況。

危險的人總是在找尋「落單的小孩」。

弱小的孩子對於危險情況缺乏反抗與判斷的能力，因此「不讓年幼的孩子落單」是守護孩童安全的鐵則。

5 瞬間落單型

短暫離開群體的孩童

這類型的孩子可能是跟著大人一起出門，但不巧在一瞬間落單。

於此情況，大人由於忙著聊天、購物而疏忽，或是周遭人潮眾多，使孩子有三到五分鐘的短暫時間離開大人身邊。

這種時候非常危險，歹徒可能趁忙亂之際盯上孩子，甚至在採取行動之前，早已跟蹤孩子好一段時間。

6 心不在焉型

心思不集中、精神散漫的孩童

這類孩子魂不守舍、漫不經心。

越是心不在焉的孩子，危險的人就越容易靠近。

這種類型的孩子視線不集中，無法從旁人的表情判斷情緒，對周圍的刺激沒有反應，或總是慢好幾拍才做出回應。

這樣的孩子欠缺及時呼救的能力，不分性別或年齡，容易成為猥褻案件的受害者。

7

四處探索型

到處閒晃、好奇探索的孩童

與「心不在焉型」相反，這類孩子對周遭興味盎然，總是跟隨關心的事物盡情探索。

孩子升上小學三年級後，原本狹隘的視野開始拓展，不斷藉由探尋了解周圍的事物。這本來就是成長階段會自然發生的事，不需刻意阻擋。

重要的是告訴孩子「四處探索並無妨，但需時時注意是否出現不對勁的人事物」。

8 猶豫不決型

行事不乾脆、無法果斷拒絕的孩童

這類孩子在回答問題時，無法清楚且果斷的思考。

「行事不乾脆、說話冗長緩慢」，具前科的犯罪者普遍認定「這樣的孩子什麼都做不了」，他們形容這類孩子「容易下手且得手」。

我們必須教導這類型的孩子——當你無論做什麼都無法拒絕對方時，稍微搖搖頭並盡快離開。

9 單純友善型

心思簡單、待人和善的孩童

孩子保有單純的心固然很好，但**若是單純過了頭，輕易相信陌生人（有時是熟人）、缺乏防備心，遇到危險狀況的時候，便不會覺得需要抵抗而任由一切發生。**

我們應該提醒這類型的孩子——在回答「嗯，好喔！」之前，必須先停下來思考「這樣做真的好嗎？」

問題⑩

放學回家的路上，危險人物會盯上哪些孩子？

答案請見第123頁

到處探索閒晃也沒問題！安全教育從培養「安全基礎能力」開始

許多家長常因為「孩子喜歡到處摸索、到處晃」而感到不安，其實**孩子若能具備自我保護的「安全基礎能力」，必要時便能斷然拒絕危險的人，並且順利逃離。**以下為孩子必須具備的四項「安全基礎能力」。

❶**體力**：遇到危險時，遠離現場的行動力。

❷**面對危機的智慧與知識力**：能辨識出奇怪的人，事先迴避或解決、克服當下困境的決策力。

❸**溝通力**：清楚傳達「我不要！」的魄力、向家長表達「我發現有危險人物」的語言力，以及解救受困朋友的援助力。

❹**大人力**：以上述三項能力為基礎，再加上自我判斷、決定、行動與負責的能力。

這四項能力相當重要，可以**幫助孩子慢慢成為足以自立的大人**。

①體力

可以瞬間移動的基礎體力，
例如快跑、突然蹲下躲避，
或是立刻甩開手臂。

②面對危機的智慧與知識力

能準確判斷「什麼是危險的」，
以及「該如何迴避」。

③溝通力

勇於表達「我不要！」，
並能清楚向家長報告不對
勁的情況。

第4章摘要

本章特別說明了「哪些孩子容易成為犯案的目標」。

如果你的孩子不符合前幾頁所列出的九種類型，是不是就覺得放心沒問題了？千萬不要這麼想。什麼樣的孩子會發出何種特質，讓危險人物覺得「這個孩子似乎不錯」、「是我喜歡的類型」，進而想要靠近並出聲攔下他並非絕對，甚至完全沒有定論，因此不可以掉以輕心。

那麼，到底該怎麼做？

為了從不知何時會遇到的危險情況中脫身，必須具備「安全基礎能力」（第78頁）。如果具備這樣的能力，一旦遇到危險的人，便能勇敢喝止，並且逃離現場，不讓他得逞。

危險人物總是想抓住孩子脆弱的間隙「乘虛而入」，為避免讓他們有機可乘，請務必培養孩子具備「安全基礎能力」。

在接下來的第5章中，我們將介紹培養各項安全基礎能力的方法。

第5章

危險！這時該怎麼辦？

奇怪的人或危險的人靠近時，該如何應變？

在本章中一起學習，當危險人物接近時，年幼孩童該如何抵抗與逃離，以及練習的方法。

遇到危險怎麼辦？熟記「逃脫七妙招」

「花花，你已經會分辨什麼樣的人很危險，但你有沒有想過，危險的人會怎麼靠近你呢？」爸爸問。

「為了不想被發現，他們應該會鬼鬼祟祟的靠近。」

「是啊！他們一定很擅長偷偷的接近，這的確很可怕。不過，**如果知道該如何逃離，碰到這種狀況時，就可以冷靜的應對。**」媽媽懇切的叮嚀。

這裡有七個幫助我們脫離危險的妙招，即使是年幼的孩子遇上危險人物，也可以採取這些招數，成功脫身。

「好！今天就讓花花和太郎來練習一下。」爸爸說。

沒錯！平時多加練習非常重要。

從第92頁開始，將介紹各種逃離的妙招。

跑——跑離現場至少二十公尺的距離。

叫——大聲呼叫。

看——走路時眼睛看向前方、全神貫注。

求援——飛奔至最近的住家尋求援助。

咬——按（拉）響防身警報器，試著揮舞雙臂、踢動雙腿，必要時，可以張嘴咬人。

拒絕——清楚果斷的表達「不要、不行、我不去！」

和朋友**互助合作**。

防止孩子遇害的三個行動

「沒問題一家」前往公園，進行守護自身安全的練習。

「一邊跑一邊喊叫，對我來說似乎有點吃力。」爸爸說。

「這倒是個不錯的運動。在開始練習前，我要你們記住幾項重要的事。」媽媽往下說明。

❶望著前方快步走

漫不經心、喜歡四處閒逛的孩子容易成為歹徒盯上的目標，所以**走路時，眼睛直視前方大約二十公尺的距離相當重要。**

孩童的視線範圍比大人狹窄，加上喜愛到處探索，**行走時必須步伐迅速、凝神注視前方，才能辨識和注意到身邊的危險人物及場所，保護自己不受危險事件的侵害。**

❷清楚表達「我不要」

若有人對你說「跟我過去那邊」、「讓我摸一下」之類奇怪的話，必須**清楚表達「不要」、「不可以」**。

❸盡全力跑離二十公尺的距離

危險人物會在大約距離二十公尺處，盯上想要下手的目標，當他們走近約六公尺時，就會進入犯案模式，隨時可能突然襲擊。

只要一感到不對勁就要趕快逃離。

奇怪的人可能會上前追趕，多數追了十公尺後沒追上，便會覺得「沒機會」，而超過二十公尺還追不上，就會放棄。

因此，**一定要努力跑開至少二十公尺的距離。**

下一頁我們來了解「危險人物會如何靠近」，以及**「二十公尺到底是多長的距離」**。

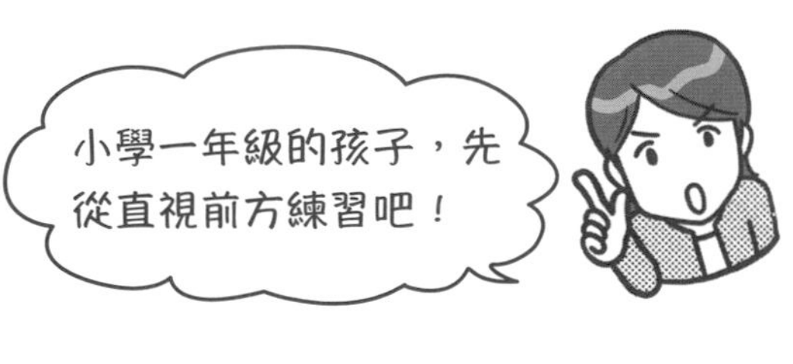

危險人物會如何靠近犯案目標？

20公尺

和普通人沒兩樣，
神色正常沒異狀。

14公尺

開始搜尋犯案目標，
漸漸顯露出「危險人
物」的神態。

更加靠近目標時，如果發現適合逃跑的路徑，而且那個孩子好像沒注意到，犯案動機就會大幅提升。

9公尺

接近目標約四到六公尺時就會採取行動，此時會完全顯露出「危險人物」的樣貌舉止。

6公尺

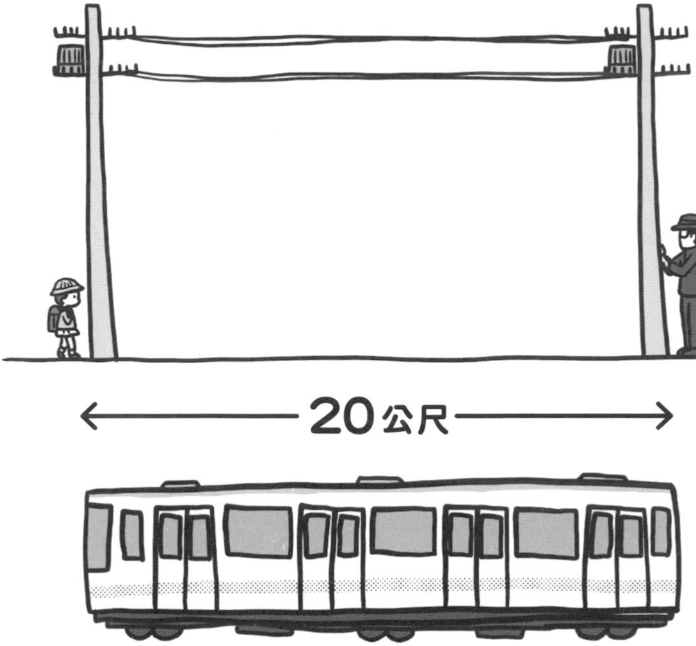

二十公尺有多遠？

「二十公尺」是危險人物決定「該對哪個孩子下手」的距離。二十公尺有多遠？**兩根電線桿之間的距離大約就是二十公尺**＊。

你可能會覺得二十公尺很遠，萬一被危險人物盯上，恐怕不太可能一下子跑開二十公尺。那麼，請試著和孩子一起在兩根電線桿之間跑跑看吧！**火車或捷運一節車廂的長度也差不多是二十公尺**，可到月臺確認一下這個距離（請務必注意安全）。

＊編注：臺灣電線桿設置間距無硬性規定，主要考量設置地點的地形高低差、道路直線或轉彎等而因地制宜。

六公尺有多遠？

「六公尺」是引發危險人物犯案動機並採取行動的距離。

「六公尺」大概是三個大人張開雙臂的距離。請實際張開手臂，你可能會覺得這樣的距離說近不近、說遠不遠，事實上，六公尺是個微妙的距離，**在六公尺之外，孩子多半不會覺得危險的人很靠近自己，因此通常不會有警戒心。**

換句話說，**六公尺是孩子開始產生警覺的距離，如果孩子可以在六公尺的距離就注意到危險人物的出現，便有機會躲過危險。**

試著跑跑看二十公尺的距離

此刻，你應該已經了解，**危險人物「在二十公尺外就會鎖定犯案目標」、「在四到六公尺的距離會採取行動」，以及「如果追了二十公尺仍未追上，多半就會放棄」**。

因此，**讓自己具備「突然快跑二十公尺的逃離能力」是很有用的**。

首先，請家長扮演危險人物，從後面追著孩子快跑二十公尺；接下來，再和孩子一起體驗從六公尺和四公尺的距離逃跑的感覺。

沒有背書包時，從距離四公尺的地方開始跑，
還是很有機會逃脫。

背著書包時，從距離六公尺的地方開始跑，
仍是有機會逃脫。

具備逃離能力的十個練習，一起試試看！

1 望著前方快步走

確保通學之路安全的基本原則，就是直視前方、快步行走。這麼做的孩子讓人無機可乘，較不易成為危險人物的目標。

◎親子練習

念唱手指謠⇩訓練注意力。

共讀圖畫書⇩培養看圖和聽懂話語的能力。

「鬼抓人」遊戲⇩體驗何謂「危險距離」。

「黑白猜」遊戲⇩練習觀察表情的變化。

散步⇩練習注意身邊不尋常的狀況。

2 清楚果斷的拒絕

大人模仿陌生人叫住孩子並嘗試對話（參考第58頁），**讓孩子透過「不要、不行、我不去」等詞彙，練習清楚斷然的拒絕**。如果是年紀較大的孩子，可以引導他們回答**「我去叫大人」**、**「我要打電話報警」或「我先回家確認」**。

為了防範孩子將來在線上遊戲或聊天軟體中遇到陌生邀請而貿然赴約，必須事先訓練拒絕的能力。

◎親子練習

「黑白猜」遊戲⇩培養不服從對方的態度。

「我不要」遊戲⇩家長試著從車子裡叫住孩子，讓較大的孩子練習拒絕。

「荷花荷花幾月開」遊戲⇩增加語彙運用。

3 保持安全距離

大人從後追逐孩子並伸長手臂，這麼做可以**讓孩子理解「成人的手臂可以伸多長」和「多近的距離可能會被抓到」**。

我們不可能告誡孩子「一看到陌生人馬上遠離」，不過一旦有人逼近約兩公尺便該毫不猶豫的離開，某些情況甚至得大步跑開。「大人張開雙臂大約是一點五到兩公尺」，讓孩子有這樣的概念，遇到危險時就能保護自己。這也是平時與大人擦身而過時，避免產生肢體摩擦而必須保持的「安全距離（safety distance）」。

◎親子練習

「鬼抓人」遊戲⇩讓孩子近身感受「能從成人身邊逃脫的最近距離」。

4 大聲喊叫

「巨大聲響」是防護安全的利器，**訣竅在於多練習**，才能注意到不同狀況的聲音變化。不僅要發出聲音，也要試著揮舞雙手掙扎。

將防身警報器繫於腰間，當被抓住時按（拉）響，以防當下無法喊出聲。需注意❶覺得害怕就使用；❷若是虛驚一場則說聲「抱歉」；❸不可當作惡作劇。

每月檢查警報器，並放在易拿取處。

◎親子練習

「捉迷藏」遊戲⇩當鬼者盡情大聲喊叫，並藉出遊戲了解「容易躲藏＝危險」。

不害羞大叫⇩試著大喊「救救我」等詞彙。

5 快速晃動手臂

大人假扮成危險人物抓住孩子手腕，**請孩子試圖揮動手臂掙脫，訣竅在於「就像要切掉大人的四根手指一樣」。**

如果是從側邊被抓住，就橫向大力揮動手臂；如果是從上方被抓住，就上下揮動手臂。

◎親子練習

「逃脫」遊戲⇩練習從被大人抓住的手中奮力掙脫。

「揮動」遊戲⇩大人從不同方向抓住孩子，讓孩子練習揮動手臂掙脫。

「追逐」遊戲⇩大人從後追逐並抓住孩子手臂，讓孩子練習揮動手臂掙脫。

6 雙腳胡亂踢踹

從孩子上學前就逐步練習，藉此訓練**當孩子跌坐在地時，雙腳能夠交互前踢，目標是踢中大人的小腿**，並趁對方被踢中而喊痛時，趕快站起身逃跑。

練習一開始，請孩子先坐在地上，腳對著大人的方向，對著空氣踢動雙腳持續約十秒，再漸漸將時間延長至二十秒，並練習大聲喊叫。

◎親子練習

「拉扯毛巾」遊戲⇩親子面對面拉動同一條毛巾，在手部動作與腳部踩踏之間，培養守護自身安全的能力。

「武士」遊戲⇩把報紙捲成一束，模仿武士進行刀劍對決，藉此練習估計對手的距離、抵抗對方或轉身逃走。

7 張口咬人

大人將毛巾從手腕處開始纏覆手臂，讓孩子練習快速咬住大人的手或手臂。

練習時要意識到一個重點——**實際情況是要攻擊歹徒暴露在外的手指或手臂**，當對方大叫「好痛」時，趁機毫不猶豫的向前衝，快速逃離。

請提醒孩子，和朋友嬉戲玩耍時不可以咬人，唯有感到生命受威脅時才能這麼做，因為咬人的威力是相當強的。

◎親子練習

張口咬人⇩大人將厚毛巾包覆在手臂後，從後面抱住孩子並抓住孩子的手臂，讓孩子練習毫不遲疑的用力大咬。

這是實際發生的案例。
鬼祟
1、2……
呵，我躲得真好。
啊！
用力揮動手臂！
沒有用的，跟叔叔一起去那邊吧！
逃不掉了……
最後的手段是「咬」。
有了！
咬
救命！
痛——
女孩趁機安全逃脫。
那個叔叔穿著藍色的鞋子。
之後，憑著女孩的記憶，果然找到那名嫌犯。

8 二十公尺快跑

危險人物若是跑了二十公尺仍無法追上孩子，大概就會放棄。

所以請**訓練孩子具有「努力逃跑二十公尺」的體力。**

◎親子練習

「寶貝過來」遊戲⇩家長從所在位置呼喚孩子前來。

「跳房子」遊戲⇩練習迅速且靈活敏捷的移動身體。

「丟手帕」遊戲⇩訓練追逐與逃跑的能力。

跑步訓練⇩背著書包快跑二十公尺。

「丟書包」訓練⇩試著一邊快跑，一邊向後丟擲書包。

9 飛奔求助

即使教過孩子「遇到危險可以飛奔進住家求助」，但如果平常沒練習，遇到狀況時仍是無法做到。其實只要站在住家門口大喊「我回來了」或「救救我」，就可以達到效果。**請讓孩子進行飛奔或大喊練習，就像真的要求救，並常常和鄰居打招呼，把可求援的住家畫進「散步地圖」**。

◎親子練習

「擁抱」遊戲⇩讓孩子投入大人的懷中。

「歡迎回來」遊戲⇩讓孩子練習「回家時，飛奔進大人懷裡」。

「跑跳」遊戲⇩讓孩子練習「小跑一段距離後，跳進大人懷裡」。

「鬼抓人」遊戲⇩找到安全基地並躲入。

「飛奔」訓練⇩練習飛奔進認識的住家。

10 辨認識別

孩子應該已經學會「有人靠近或尾隨時，如何判斷可疑人物的特徵（參考第54頁）」。不過孩子若要能察覺這些特徵，勢必得對他人抱持關心，所以務必**請孩子「睜大眼」，仔細關注那些讓人覺得「怎麼會這樣」的奇怪之處**。

◎親子練習

「躲貓貓」遊戲⇩大人用手遮住臉，手指張開時，孩子可以見到不同表情，體驗趣味。

「模仿」遊戲⇩訓練孩子觀察人物特徵。

「籠中鳥」遊戲⇩閉眼蹲在圍圈唱歌的孩子群中，唱完時，判斷身後有沒有站人或猜出身後是誰，藉此體會背後站人的感覺。

聊天訓練⇩製造與不同對象（商家、鄰居）說話的機會，培養孩子的社交能力。

從小培養孩子的步行能力

【1、2歲】

‧**養成手牽手散步的習慣**，以培養對周遭環境的觀察力（辨識力）。

‧**為孩子創造粉絲！**散步途中，沿路和街坊鄰居打招呼，讓大家熟悉孩子的面孔，必要時便能**發揮守護孩子安全的作用**。

【3、4歲】

‧與孩子一同**練習快步走**。

‧走在孩子後方，指向前方約二十公尺處詢問孩子：「看到那根柱子了嗎？」藉此**吸引孩子注意二十公尺外的事物**。

【5、6歲】

‧散步時，引導孩子**注意道路、公園或危險人物可能出現的地方**。

‧步行途中，**先是快步往前跑，然後轉身跑向二十公尺遠的事物**，有意識的做類似的練習。

問題⑪

大聲喊叫時，怎麼做比較好？

①直直站著。

②揮動手臂、用力跺腳。

③蹲坐在地上。

問題⑫

被陌生人抓住手臂時怎麼辦？

①什麼都不做。

②大聲哭喊。

③張口咬他。

答案請見第124頁

問題⑬

被陌生人追趕的時候，跑進哪裡比較好？

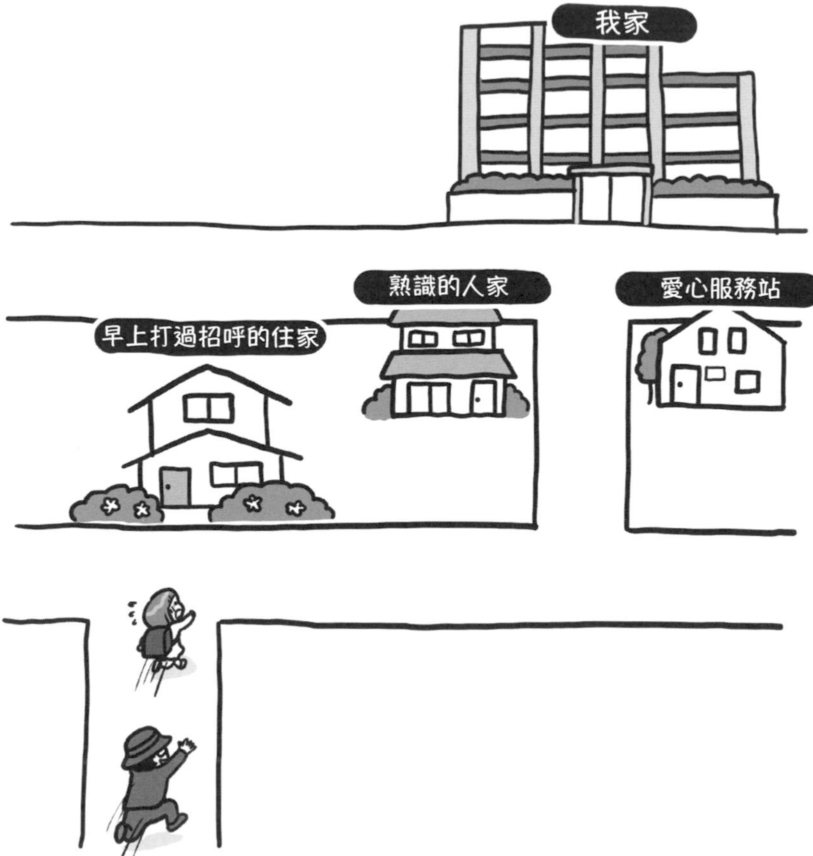
我家
熟識的人家
愛心服務站
早上打過招呼的住家

問題⑭

危險人物靠近時，距離多遠還來得及逃走？

答案請見第124頁

第5章摘要

本章介紹了十種「孩子在必要時刻得以採取行動」的練習方法，熟練這些方法後，將協助孩子遇到危險人物時能順利逃脫、保護自己。

請和孩子在遊戲中反覆練習。

孩子如果有練習過大聲喊叫和胡亂踢踹，遇到緊急狀況時就不會猶豫躊躇；如果有全力奔跑二十公尺的經驗，遇到需要逃跑的突發情況，就能快速移動雙腳。

總之，試著做做看非常重要。

「沒問題一家」在散步途中或在公園遊玩時，時不時也會一起做這些練習與活動。

奔跑、大叫、必要時張口大咬……透過反覆練習，自然而然就能提高孩子對於「最重要的是守護自己生命」的意識，從而懂得培養自身的「安全基礎能力」。

第6章
如果孩子受到侵害

孩子若受侵害，之後該怎麼辦？

習得關於「危險場所」、「危險人物」和「容易成為犯案目標」等知識與練習「這時候怎麼辦」後並不是到此為止，還得「把遇到危險的事告訴別人」。

平時就要營造「容易溝通對話」的家庭氣氛

萬一孩子遇到危險的人，重要的是他們願意主動向家長述說，而這必須仰賴良好的親子關係。

若是平常不論孩子說什麼，家長總是回答「都是你不乖」或「一定是你不小心」，孩子就容易產生「反正說什麼都沒用」的念頭而放棄，或是覺得「自己不夠好」、「爸媽會擔心」而選擇什麼都不說。

倘若是這樣，孩子有可能會再次受到侵害。

日常相處中，家長就要適度表現「不論發生什麼事，你都是最重要的」，以及「什麼話都可以跟我們說」，營造家人間易於溝通對話的良善氣氛。

若孩子願意說，家長就要仔細聽，不要因為急著下判斷而說出「都是你不好，才會發生這種事」，而是應該回應孩子**「謝謝你跟我說，你能平安無事真是太好了！」**

嘎
喀嚓
妹妹，你好可愛。
叫什麼名字？
我回來了。媽媽，
剛剛在電梯裡……
咦？
小女孩向媽媽報告之後。
……
……
嗯、嗯。
管理員找來警察，確認了電梯監視器。
原來那個人是來拜訪住在大樓裡的親戚。
我沒有惡意……
拍照是我的興趣。
只要你覺得「怎麼有點奇怪」，就要馬上跟媽媽說。
好！

聆聽孩子說話

什麼樣的應對方式比較好？

很多時候，大人常常無法冷靜傾聽孩子說話。

上面的兩個情境，你覺得家長應該抱持哪一種態度？

正解是左圖。

如果家長表現得太過嚴厲，通常孩子就不會再輕易向大人報告身邊所發生的事。

大人必須認知到「孩子是鼓起勇氣說出來的」，所以應該對孩子說「謝謝你願意告訴我。」

第6章摘要

不要試圖自己解決問題。

本章提醒家長**「聆聽孩子說話」的重要性，重點在於「把從孩子那裡聽到的話與其他人分享，以便考慮後續如何應對」**。

家長不應該輕忽孩子說話的內容，而是應該與可信賴的任何人，例如親近的監護人或班級導師，一起討論這件事。

請不要因為覺得「事情到此為止就好」、「如果這種事傳出去就太誇張了」、「這是很久前發生的事」或「已經太遲了」等想法而猶豫。

無論是多麼微小的情報，都該盡可能傳播出去與大家共享，這麼做才能預防未來發生更重大的犯罪案件。

必須銘記在心的是「不要洩露個人資料」。

只要將事實傳達出去，告訴大家「發生了這種事」即可，敘述時不要包含受害或經歷者的姓名，否則將無法獲得其他你所需要的資訊。

最後想對家長說的話

關於社群網路

這一天，「沒問題一家」正在享用晚餐。

「上小學之後，我想要智慧型手機。」太郎說。

花花聽了也說：「是啊！手機很方便，我也想要。」

可是媽媽卻覺得，這個年紀讓他們擁有手機似乎太早了。

「和媽媽一起使用平板電腦就好了。」媽媽說。

花花的心裡有一點不開心，不過立刻平復心情，「不如我們先來學習關於『智慧型手機』的事吧！就像之前製作『散步地圖』那樣。」

爸爸瞧見兩個孩子的表情後說：「對啊！在擁有手機前，重要的是了解可能會遇到的問題或危險。」

在此之前，我們已經談過「為了讓孩子感到安心，該如何守護他們的安全」。從現在開始，進一步來談談目前面臨的狀況。

社群網路影響下轉變的犯罪環境

許多家長在孩子上小學後，便會立刻為他們準備手機，甚至在上小學前，孩子就開始使用平板電腦和網路；於此同時，越來越多的孩子成為犯罪者鎖定的目標。由於線上遊戲和社群網路的互動機會，自二〇一九年起，超過兩千名未滿十八歲的孩子因而捲入犯罪事件；**現今社會，不只在路上或公園，連在網路空間裡，孩子都容易成為犯罪的目標。**

透過社群網路或線上遊戲接近孩童的犯罪者

在社群網路或線上遊戲中，「可疑人物」同樣有其特徵。與現實世界相比，網路空間更能隱藏身分並偽裝成設定的角色（例如原為男性卻在網路裡佯裝成女性或個性溫和的男性），接近孩子變得更加容易（網路空間就是第2章所說的「孩子容易接近、犯人容易逃脫的場所」）。

注意！網路空間裡「可疑人物」的三項特徵

窺視

・**鎖定孩子為目標的犯罪者會在網路做初步窺探。**如果孩子在Twitter（推特）或Instagram上登載個人資料而沒有設定隱私，犯罪者就能恣意透過發表的文章、照片和追蹤者資訊等，進而獲得和孩子有關的資訊。

・犯罪者也會調查孩子喜歡的偶像、遊戲或角色，藉此尋找聊天的話題，因為他們認為「和孩子談論這些話題，更容易使他們上勾」。

・犯罪者一旦將目標的相關資料收集齊全，下一步就是發送訊息。

欲擒故縱

・倘若犯罪者發送一個看似不經意的訊息，像是「你對這個遊戲有興趣嗎？」而成功與孩子取得聯繫，再根據之前獲得的資訊暢談，**孩子就容易產生「他是個好人」、「好像可以信賴」的感覺。**

糾纏

· **犯罪者想要讓某個孩子上勾時，會不斷傳送訊息**，如果一直沒有收到回覆，還會進一步詢問「你為什麼不回覆我」或「你現在在做什麼」，更可能威脅孩子「你剛剛說的那件事，我要跟你媽媽說」。

「我要抓住那個孩子！」犯罪者產生這個念頭的瞬間

使用電子郵件或聊天軟體時，犯罪者如果感受到「那個孩子好像對我有興趣」，例如好奇詢問姓名、年齡、住所或興趣等私人資訊，就會判定**「這個孩子容易得手」**。

除此之外，**如果孩子回覆的速度很快或回覆的訊息很多**，犯罪者便會確信「這個孩子絕對會赴約」或「可以要他傳來自拍照」。

犯罪者透過社群網路接近孩子，塑造「好人」的形象，逐步建立起「如朋友般」的信賴關係。許多犯罪者便是利用這種不必露面就能拉近距離的手法，成功誘騙孩子赴約，或是勸誘孩子發送自拍照。

保護孩子遠離侵害

❶智慧型手機或平板電腦上一定要設定「過濾篩選」功能

「過濾篩選」功能可以防止孩子不小心點開成人、犯罪或需要付費的網站，只要透過設定，當孩子點選不妥的網頁，網路就會自動斷線。

❷絕對不要親自會面在社群網路或線上遊戲裡「認識的人」

在社群網路與人聊天時，容易會有「對方很好親近」或「對方是好人」的感覺；然而，現實中的對方不見得是個可以令人放心的人，**所以絕對不要獨自赴約**。偶爾也會有「因為不只一個人去，所以沒問題」的情況，請務必先讓家長知道見面的對象是誰，並且讓家長選擇地點，例如周圍有很多注視目光、人潮眾多的咖啡廳。

家長一定要教導孩子，若對方臨時要求更換地點，如KTV包廂、私人房間或車輛之類的封閉空間，絕對要果斷拒絕、立刻離開現場。不過，**基本原則仍是盡可能「不要親自會面」**。

❸不要輕易洩露個人資料

避免和其他人透露自己的生日、真實姓名、住址或就讀學校等。

❹不要隨意透露臉部長相、身型、興趣或心理困擾等資訊

孩子傳給朋友的照片或發布在社群網路的自拍照有可能被竊取；興趣等資訊有可能被當作放鬆警戒的手段，讓孩子誤以為「興趣相同，應該不是壞人」；有心犯罪者可以從照片或影片裡瞳孔的映射判斷出特定的位置；而當孩子透露自己的心理困擾時，危險人物則可能會用「不妨和我分享」等話術，讓孩子降低警戒。**上述資訊一旦公開，不曉得會被誰濫用，請務必告訴孩子這些事情的嚴重性。**

❺除了家長和值得信賴的朋友外，絕對不要和其他人分享重要的事

需要與人談心時，請向現實生活中認識的人求助，尋找能夠信賴且能當面對談的朋友、監護者或老師。

❻不要使用會傷害他人人格的言語

話說出口就無法收回，**在網路上使用傷人的言詞，也是一種暴力。**

【問題①】第36、37頁
找出「危險場所」的特徵
【答案】圖中圈起來的地方。
⇩參考第30頁

1 落單成獨自一人前往的地方
2 從周圍難以一窺全貌的地方
3 有很多岔路、小徑或交叉路口的地方
4 有廢棄房屋或空地的地方

危險！被高聳的樹木圍起來、人跡罕至的地方，不容易被注意。

危險！公園廁所是容易落單的地方，盡可能不要單獨前往。

危險！兩側都是樹木或相鄰建築物之間，從外圍難以一窺全貌。

注意！危險人物可能會把孩子帶進沒有人的場所或空屋。

注意！小徑或岔路是危險人物攻擊後容易脫逃的地方。

注意！危險人物可能會躲在沒有管理員的停車場或車子的陰影處。

注意！與朋友道別後、獨自回家的路上要特別小心。

【問題②】第38、39頁
怎麼做才安全？

Q1【答案】聚精會神、望著前方快步走。

Q1【解說】孩子走路時若是全神貫注，奇怪的人較無機會襲擊；反之，孩子若是漫不經心，奇怪的人便有可能在陰影處出聲，叫住孩子並緊抓手臂。遇到這種狀況時，孩子可以高聲大喊「我不要」，然後按（拉）響防身警報器，趁機逃跑。⇩參考第95頁

Q2【答案】大聲回答：「我不要！不可以！」

Q2【解說】如果孩子多製造一些噪音，危險人物有可能因為害怕引起騷動而選擇放棄。犯罪者做壞事時不見得總是自信滿滿，他們也會擔心懼怕，因此，大聲喊叫是很有用的。⇩參考第95頁

Q3【答案】人潮很多的商店街。

Q3【解說】人潮眾多的商店街有很多人注視著，而且還有認識小女孩的店家，奇怪的人較無機會喊住小女孩。就算必須繞遠路，最好還是選擇人多的地方。⇩參考第30頁

【問題③】第41頁
夜間的道路，走哪一側比較安全？

【答案】道路的右側。

【解說】間隔好一段距離才有一盞路燈的道路，雖然可以把站在路燈下的孩子照得清楚明亮，但是卻難以看見暗處裡躲著什麼人。路燈越亮，便顯得周邊越暗，這情況滿可怕的。所以即使得繞遠路，最好還是選擇有連續照明的道路。⇩參考第40頁

【問題④】第51頁
有一輛車停在這裡，你能說出哪裡奇怪嗎？

【答案】車子裡的男人緊盯著小女孩。

【解說】那個看起來不像家長的男人，把車停在學校外面，一直盯著小女孩。⇩參考第50頁

【問題⑤】第56頁
與公園格格不入的是誰？

【答案】圖中圈起來的人。

【解說】要辨別奇怪的人，可以從他們的行動來判斷，例如站在廁所的暗處或是坐在長椅上緊盯著孩子。若發現這樣的人，請記得「避免目光接觸」、「果斷拒絕」，以及「快速走向人多的地方」。⇩參考第50頁

【問題⑥】第57頁

傍晚的公園，哪些孩子可能成為危險人物鎖定的目標？

【答案】圖中圈起來的人。

【解說】危險人物通常會盯上那些容易靠近和被叫住的「落單孩童」。不論性別，年紀幼小的孩子，對於危險的抵抗力和判斷力都較弱，因此「不讓年幼的孩子落單」是守護孩童安全的鐵則。⇩參考第32頁

【問題⑦】第60頁

陌生人和我交談時，我該說什麼？

【答案】「我不去！」

【解說】特別是被要求前往其他地方時，一定要清楚表達「我不去」加以拒絕。親子可以一起做第58頁的練習。⇩參考第93頁

【問題⑧】第61頁

被車子裡的陌生人叫住時，我該說什麼？

【答案】「我不要上車」、「不可以」或「我不要」。

【解說】一旦上了車，等於進入無法逃脫的密室，一定要斷然拒絕，明確表達「我不要」。無論如何絕對不能上車。⇩參考第93頁

【問題⑨】第67頁

哪些孩子容易成為歹徒的目標？

【答案】

圖中圈起來的人。

【解說】獨自玩耍的孩子、心不在焉的孩子、瞬間落單的孩子……都容易成為危險人物盯上的目標。家長要讓孩子隨時保持在自己的視線範圍內，即使忙著和別人聊天時也不能大意。⇩參考第66頁

【問題⑩】第77頁

放學回家的路上，危險人物會盯上哪些孩子？

【答案】

圖中圈起來的人。

【解說】意圖襲擊孩子的人，通常會盯上那些獨自玩耍、看起來弱小或是漫不經心的孩子。⇩參考第

68～76頁

【問題⑪】第104頁

大聲喊叫時，怎麼做比較好？

【答案】**❷揮動手臂、用力跺腳。**

【解說】鼓起勇氣、不怕羞的「立刻」放聲喊叫。萬一無法大聲叫出來，一定要向對方明確表達「拒絕」。有時候以為自己喊得很大聲，但實際上卻很小聲，所以除了大叫之外，還要揮舞雙手、踢動雙腳。請務必對孩子「耳提面命」這件事。⇩參考第95頁

【問題⑫】第105頁

被陌生人抓住手臂時怎麼辦？

【答案】**❸張口咬他。**

【解說】被陌生人抓住時，請奮力揮動手臂和踹踢雙腳。如果這些都不管用，最後一招就是「張口咬他」，緊咬對方的手指或手臂。⇩參考第98頁

【問題⑬】第106頁

被陌生人追趕的時候，跑進哪裡比較好？

【答案】**距離最近、早上打過招呼的住家。**

【解說】如果一時找不到警察局，或是跑不到位在遠處的自己家，就要立刻奔進距離最近的住家，並且大喊「救救我！」雖然可以鼓起勇氣跑進不認識的人家，但是如果平常可以先打招呼、彼此熟識，那就更好了。⇩參考第101頁

【問題⑭】第107頁

危險人物靠近時，距離多遠還來得及逃走？

【答案】**❹6公尺前。**

【解說】如果想從危險人物身邊逃走，至少要跑離二十公尺。根據實驗，若和危險人物相距四公尺，仍有機會逃離；若是背著書包的小學一年級生，與危險人物相距六公尺時，轉身快跑二十公尺，依然有可能逃脫。平常請和孩子多多練習瞬間快跑。⇩參考第86頁

「守護我的安全」檢查清單

一起回顧書中學到的事，回答下列問題。

辨識危險場所的能力	① 從家裡到學校的路上，是否有家人陪你？	是 □ 否 □
	② 從家裡到學校的路上，你是否能辨識出具有危險特徵的場所？	是 □ 否 □
	③ 如果在路上或住家附近看見奇怪或危險的人，你是否會跟家人說？	是 □ 否 □
	④ 你平常是否會和鄰居打招呼？	是 □ 否 □
辨識奇怪人物的能力	⑤ 你是否對任何人都能清楚明白的表達「我不喜歡就是不喜歡」、「不可以」或「我不去」？	是 □ 否 □
	⑥ 不是家人的人對你說「我帶你去一個好玩的地方」，你是否會拒絕？	是 □ 否 □
保護自己的能力	⑦ 走路時，你是否會注視前方快步走？	是 □ 否 □
	⑧ 你是否能大聲喊叫？	是 □ 否 □
	⑨ 你是否會玩「鬼捉人」或「捉迷藏」？	是 □ 否 □
	⑩ 如果發生討厭或可怕的事，你是否會跟家人說？	是 □ 否 □

你總共回答了幾個「是」呢？

8到10個……太厲害了！你可以很有精神的說：「我準備好了！」

4到7個……很棒唷！不過請先找好遇到緊急事件時，可求援的地方。

0到3個……試著先和家人一起走到學校吧！路上小心喔！

結語

本書於二〇二一年三月在日本出版，新冠肺炎肆虐全世界，確診者除了生命受到威脅，還受到旁人的誹謗與中傷，整個社會充斥著詭異的氛圍，孩子的世界因此大受影響。

因著希望「孩子可以時時綻放笑顏，有著無窮無盡的快樂，永遠對明日懷抱信心的生活下去」等願景，身為大人能做的，就是在成長過程中好好守護他們，幫助他們培養「安全基礎能力」，讓他們成為「能夠保護自己並幫助他人的大人」，這是件責無旁貸的事。

本書的完成受到多方協助：書名中的「不要、不行、我不去！」，是與日本千葉縣警察總部的優秀女警官們共同創造出來的口號，並廣泛運用在書中；日本女子大學的田部俊充教授於博士課程後期給予諸多指導，並在散步地圖描繪的重要性與意義上賜予建議；石塚和布小姐為全書繪製簡明易懂的漫畫；還有編輯田邊三惠小姐、美術設計鈴木佳代子小姐、林先生、安蒜先生、木下先生，以及我的家人，在此向他們致上最深的謝意。

最後，還要感謝本書的基礎——全國的守護志願者，他們皆懷抱著「為孩子與地方設想的溫暖之心」。

「安全基礎能力」可以從孩子零歲起開始慢慢培養，這是無庸置疑的。此時此刻，我們面臨著犯罪、地震天災、社群網路等危機，能立即判斷「當前什麼最重要」並採取行動，是項十分重要的能力。

但願孩子每天都能綻放燦爛的笑顏，本書的出版希望能為此盡一份心力。

很開心這本書能在臺灣出版，期盼這樣的議題能在臺灣發酵並引起大家關注，一同為守護孩子的安全而努力。

——清永奈穗
（本書作者）

〈參考文獻〉

- 《犯罪から園を守る・子どもを守る》（清永奈穂著／メイト／2018年）
- 《初めてのいってきます！応援ブック》（清永奈穂監修／世田谷区／2020年）
- 《遊びの保育発達学》（小山高正、田中みどり、福田きよみ編／川島書店／2014年）
- 子どもの安全対策動画「ちばっこ、いやです、だめです、いきません」（ステップ総合研究所監修／千葉県警察本部／2019年）

親子課

「不要、不行、我不去！」

大聲嚇阻陌生人，建立孩童自我保護的能力

著：清永奈穗｜繪：石塚和布｜譯：林劭貞

總編輯：鄭如瑤｜副主編：姜如卉｜美術編輯：莊芯媚｜行銷副理：塗幸儀｜行銷助理：龔乙桐

出版與發行：小熊出版・遠足文化事業股份有限公司
地址：231 新北市新店區民權路 108-3 號 6 樓｜電話：02-22181417 ｜傳真：02-86672166
劃撥帳號：19504465 ｜戶名：遠足文化事業股份有限公司
Facebook：小熊出版｜ E-mail：littlebear@bookrep.com.tw

讀書共和國出版集團
社長：郭重興｜發行人：曾大福
業務平臺總經理：李雪麗｜業務平臺副總經理：李復民
實體通路暨直營網路書店組：林詩富、陳志峰、郭文弘、賴佩瑜、王文賓
海外暨博客來組：張鑫峰、林裴瑤、范光杰｜特販組：陳綺瑩、郭文龍
印務部：江域平、黃禮賢、李孟儒｜讀書共和國出版集團網路書店：www.bookrep.com.tw
客服專線：0800-221029 ｜客服信箱：service@bookrep.com.tw
團體訂購請洽業務部：02-22181417 分機 1124

法律顧問：華洋法律事務所／蘇文生律師｜印製：天浚有限公司
初版一刷：2022 年 12 月｜定價：330 元｜ ISBN：978-626-7224-12-0
書號 0BPT0020

國家圖書館出版品預行編目 (CIP) 資料

「不要、不行、我不去！」大聲嚇阻陌生人，建立孩童自我保護的能力／清永奈穗著；林劭貞譯. -- 初版. -- 新北市：小熊出版：遠足文化事業股份有限公司發行，2022.12
128 面；21×14.8 公分.
ISBN 978-626-7224-12-0（平裝）
1. CST：安全教育　2. CST：犯罪防制　3. CST：兒童教育
528.38　　111017835

小熊出版官方網頁　小熊出版讀者回函